Poemas
de
Inspiración

Este libro es un regalo para:

____

Mensaje:

____

____

____

Fecha:

____

De:

____

Zara Martínez

Número de Control de la Biblioteca del Congreso de EE. UU.: 2015918162

ISBN:	Tapa Dura	978-1-5065-0986-0
	Tapa Blanda	978-1-5065-0910-5
	Libro Electrónico	978-1-5065-0987-7

Información de la imprenta disponible en la última página.

Fecha de revisión: 03/12/2015

Para realizar pedidos de este libro, contacte con:
Palibrio
1663 Liberty Drive, Suite 200
Bloomington, IN 47403
Gratis desde EE. UU. al 877.407.5847
Gratis desde México al 01.800.288.2243
Gratis desde España al 900.866.949
Desde otro país al +1.812.671.9757
Fax: 01.812.355.1576
ventas@palibrio.com
725011

ÍNDICE

POEMAS DE AMOR

POEMAS DE DESAMOR

POEMAS PARA NIÑOS Y BEBÉS

POEMAS OCASIONALES

POEMAS DE AMOR

Promesa de amor

Quiero ser quien este a tu lado siempre
aun cuando no me necesites,
quiero secar tus lágrimas
y más si las derramas por mis errores.

Comprendo que nuestro amor
ha soportado mucho
y por eso es tan fuerte
pero aun siendo así debemos cuidar de él.

No te abandonaré nunca
y te amaré como tú a mi
seré tu compañera, tu amiga y tu mejor aliada
estaré en las buenas y en las malas.

Si estás triste te haré sonreír
y cuando quieras volar
juntos alzaremos vuelo.

El joven aquel...

El joven aquel... Que un día conocí
era muy elegante y de buen parecer
se acercó y dulcemente su amistad me ofreció
con la cual mi corazón conquistó
y con un beso mi amor se robó.

El joven aquel... Del cual me enamoré
me enseñó a vivir de una forma desconocida
mostrándome los diferentes puntos de vista en la vida
y a como amar enfrentándose a los retos
dando todo sin importar lo que te hayan hecho.

El joven aquel... Quien es el dueño de mi corazón
está hoy a mi lado y muy feliz con El soy.

- Con amor para David.

Así te amo...

No cambiaría nada de ti
me gustas y te amo como eres
no llamaste mi atención por tu apariencia
lo hiciste con tus detalles y paciencia
esos que quedarán guardados para siempre
en mi alma, corazón y mi mente.

Te amo así como eres
con tus manos ásperas a simple vista
pero suaves y delicadas al tacto
con tus ojos grandes y hermosos
que captan mucho mis miradas
con tus libritas de menos
y tus arrugas de más
pero con un corazón
que te hace ser especial.

Así te amo mi amor
como lo hice al inicio
así lo haré hasta el final
con esos besos que encienden
y esa sonrisa que ilumina
con esa voz que acalla
y tus consejos que animan.
Así te amo.... y no te cambiaría nada.

- Con amor para David.

Te amo

¡Te amo! Te lo digo al oído
en los momentos que estás conmigo
¡te amo! Lo grito a los cuatro vientos
para expresar libremente lo que siento.

Que le has dado a mi corazón
que no deja de latir por ti
siento escalofríos cada que te acercas a mi
te me has metido muy adentro
y no te dejaré salir.

¡Te amo! Cuanto amor has sembrado
con cada gesto me has deslumbrado
es tu amor una melodía que alegra mis días
¡te amo! Por favor quédate a mi lado.

Caminemos Juntos

Ven amor mío, caminemos juntos de la mano
te mostraré lo bello de la vida si estás a mi lado.
Amándonos como nos amamos no tendremos obstáculos
porque este amor es más fuerte que la tempestad
y sobrevivirá en medio de cualquier circunstancia.

Ven amor mío, no tengas temor porque estoy a tu lado
te abrigaré cuando tengas frío y te protegeré de la lluvia
te aseguro que nada nos detendrá y felices seremos
porque tenemos mucho para darnos, mi amor eterno.

Si alguna vez...

Si alguna vez te has preguntado ¿por qué te amo?
tengo tantas cosas que podría describir
te diría que eres tu mi razón de ser y de existir
que te amo por tu dulzura, amor, cariño y comprensión
que nadie como tú en este mundo puede llamar mi atención
no podría estar sin ti y no podría vivir sin verte
eres tu esa energía que me da vida
la cual hace que por ti me desviva.

Si alguna vez te has preguntado ¿por qué te amo?
comprende que solo tú tienes esa dulce mirada
nadie más que tú me apasiona con sus besos
tus caricias son tan suaves como el pétalo de una rosa
y por eso me vuelves loca cuando mi piel tocas
tus palabras son como música para mis oídos
más cuando las susurras tan suavemente
haces que pierda el control de toda mi mente.

Hoy unidos estamos

Acércate un poco más
quiero entregarte todo
sin temor a arrepentirme
abro mi corazón
entra que hoy te doy mi amor.

Cierro mis ojos y veo
como en un sueño
todos nuestros deseos
hechos realidad, hoy
que estamos juntos.

Un día nos conocimos
poco a poco llegó el amor
no era pasajero, era real
se fue el miedo al fracaso
y hoy felices y unidos estamos.

Necesito de ti

Si te digo que te quiero quizás mienta
querer es muy poco comparado con lo que siento por ti
es por esa razón que te digo lo mucho que te amo
y quiero estar cerca de ti porque si no te extraño.

Así como el pez necesita del agua para vivir
yo necesito de ti para subsistir
así como el ave necesita del viento para volar
con tal de estar a tu lado
no importa la montaña que tenga que escalar.

Quisiera ser una gotita de agua

Quisiera ser una gotita de agua
para descender desde el cielo
caer sobre ti, acariciarte el rostro
y poder decirte al oído que te quiero.

Quisiera ser una gotita de agua
para llover por las noches
refrescar tu alcoba en el calor
y a tus mañanas darle color.

Quisiera ser una gotita de agua
para caer sobre la tierra árida
alimentar los árboles para que den fruto
y así de ellos poder comer juntos.

Te extraño

Te extraño con amor y locura
solo por verte a ti viajaría a la luna
quisiera tenerte a mi lado en este momento,
te aseguro amor que no miento.

Esta desesperación por ti me tiene cegada
solo deseo estar contigo
y más cuando me cautivas con tu dulce mirada.
¿Que le has dado a mi corazón que hoy no deja de amarte?
¡cosa que no quiero hacer!
yo jamás podría olvidarte.

Días como este

Días como este no quiero dejar ir
son un regalo muy especial para mí
que llegan en los momentos más inesperados
y es que no sabes cómo me gusta estar a tu lado.

¡Hay amor de mi vida, como me agradas!
me gusta que estés junto a mí siempre
por eso añoro días como este,
en los cuales me llevas a las estrellas
y me haces ver que la vida es bella.

Gracias por el amor y dulzura que me brindas
es un regalo que atesoro en mi corazón,
se alimenta y crece cada día que pasa
y se hace más especial cuando llegan días como este...
en los cuales disfruto de tu compañía.

Te miré a los ojos

Anoche te miré a los ojos, no pude evitarlo
te tenía tan cerca y solo quise abrazarte
como quisiera a mi corazón enlazarte
para darte mi amor y a tu lado quedarme.

No me niegues volverte a ver
aun siendo de lejos te llegué a querer
hoy que no aguanto más, te lo hago saber
con la esperanza que aceptes lo que te doy a entender.

Tu aroma

Te miro a los ojos
y me doy cuenta que eres el mismo
siempre me reflejas amor
como aquella primera vez que te vi.

Me acerco a ti y roso tu piel
siento ese fresco aroma
que me vuelve loca
es tan único en ti.

Toco tus manos
las cuales me reconocen
conocen mi piel
así también todo mi ser.

Completamente tuya

Soy completamente tuya
tus manos recorren todo mi ser
mi corazón palpita rápidamente
cuando te me acercas lentamente.

Respiro porque tú eres mi aire
vivo porque tú me das energía
miro a través de tus ojos
porque tú eres la propia vida mía.

Soy completamente tuya
deja que tu amor dentro de mi fluya
perdámonos los dos en el infinito
y abrazados quedémonos tranquilitos.

Soy completamente tuya
si mi amor... Solo tuya.

Tu ausencia

Recién empieza el día y ya te extraño
quisiera ir hacia donde tú vas
parece que no te veo desde hace un año
cuando fue esta mañana que tomé tu mano.

Solo me dejas el sabor de tus labios
envuelta entre el calor de tu piel
y en medio de tus suspiros y tu aliento
los que cuido para que no se los lleve el viento.

Tu presencia es necesaria para mí
en tus brazos me siento segura
esperaré con paciencia tu regreso
y te recibiré con un enorme beso.

En tus brazos

En tus brazos me siento
segura, libre, amada y protegida
subo y bajo de las nubes
acaricio el viento que sopla a tu alrededor
y me olvido del temor.

En tus brazos me abrigo del frío
me protejo de la lluvia y de la brisa
me aferro a ellos como un bebé
lo hace de su madre, al sentirse
seguro y confiado así como yo
me siento al estar a tu lado.

Ámame...

Ámame con todas tus fuerzas
todo lo que soy de pies a cabeza
ámame con pasión y con ternura
ámame completamente
Con todo tu corazón y para siempre.

Ámame por la noche y por el día
como soy y sin cambios
con tus manos, con tu mirada
con tus besos y tu aliento
ámame en esta vida y en la otra.

Ámame sin temores y sin dudas
sin restricciones ni traiciones
ámame despierta y aún dormida
en tus sueños y en tus pensamientos
ámame con ropa y ámame desnuda.

Ámame cuando te vas y cuando regresas
bajo la lluvia y bajo el sol
cuando haga viento y tempestad
ámame con respeto y honestidad
y con toda la libertad.

Ámame con locura hasta que no
exista en ti ni una duda
ámame desde hoy y para siempre
para que estemos los dos eternamente.

¡Ámame mi amor... Tan solo ámame!

Tu amor por mi

Tu amor es transparente
como el agua cristalina,
mi alma y mi corazón
solo por ti se declinan
tiene sabor como la sal,
dulzura como la miel,
a mí me hace muy bien.

Te encontré en un mal momento para mi
y tú te encargaste de sanar mis heridas
con tus besos calmaste mis ansias
con tu mirada guiaste mis pasos
y con tu amor llenaste todo mi vacío.

Tu amor es lo mejor
que me ha pasado en la vida.
Es lo más bello que hoy presumo
es maravilloso saberte solo mío
ahora se fue la tristeza y sonrío.

- Con amor para David

Llévame contigo

Llévame contigo
a donde sea que vayas
llévame en tu corazón
en tus pensamientos
en el calor de tus manos
impregnada en tu piel
en el sabor de tus labios
para que te sepan a miel.

Llévame contigo
no me abandones
ni por un instante
quiero ser tu dueña
tu amada eterna
la que te conquiste
porque entre los dos
el verdadero amor
si existe.

- Con amor para David

Entrega total

Tómame en tus brazos
hazlo con delicadeza
acércame a tu pecho
déjame escuchar cada
latido de tu corazón
para sentir que lo hace
con fuerza, amor
y que se acelera de emoción.

Lléname de caricias
no importa si cae la llovizna
si se impone el sol
o si llega la noche
total tú y yo no tenemos prisa
el estar juntos nos complace
y a los dos…
más amantes nos hace.

El hombre que soñé

El hombre que soñé
se parece tanto a ti
tan único y especial
lleno de amor y dulzura
eres mi alma gemela
no me queda duda alguna.

El hombre que soñé
ahora está a mi lado
compartiendo su vida
su corazón y amor
conmigo quien le esperaba
es tan real que a veces imagino
estar en un cuento de hadas.

El hombre que soñé...
¡ese hombre eres tú!

El encanto de tu amor

Te amo, lo repito las veces
que sea necesario
es algo que ya no puedo ignorar
te metiste muy adentro de mi
y ahora no te dejaré salir.

Todo empezó como un juego
y terminó siendo algo tan bello
ya no creía en el amor
y tu reviviste mi corazón.

Me elevas a lo más alto
me transformas en un segundo
cambiaste mi forma de pensar
y le diste un giro a mi mundo.

Conocerte ha sido maravilloso
amarte, lo mejor que me ha pasado
y compartir mi vida contigo
una bendición del destino.

Tú tienes la llave de mi corazón

Tú tienes la llave de mi corazón
nadie más que tú lo conoce mejor
lo has examinado
y sabes de quien es su amor.

Te pertenece a ti por completo
de tu esencia está repleto
ya no es más mío... Es tuyo
lo digo con orgullo.

Tú tienes la llave de mi corazón
cuídalo, ámalo, consérvalo
trátalo con cariño y comprensión
que el... Te amará por siempre.

Te quiero a ti

Que ¿por qué te quiero?
eso te lo puede contestar
solo mi corazón enamorado
el que palpita alocadamente
cuando le preguntan
lo que por ti siente.

Si yo intento contestarte
las palabras y letras
se quedan cortas ante ti
queriendo expresar
lo que significas para mí.

Solo te diré que te amo
que eres valioso para mí,
has llenado mi espacio
con todo tu amor y cariño
y que quiero estar a tu lado
desde ahora y para siempre.

A puertas abiertas

A puertas abiertas
te espero esta noche
no demores más
y entra en silencio
que solo se escuche
el latir de nuestros corazones
deseosos de estar juntos
unidos como uno solo
en el silencio de nuestros labios
que solo ansían darse amor.

A puertas abiertas te espero
desnudando mi alma ante ti
¡date prisa! Que impaciente estoy
desesperada por amarte
y a tu lado quedarme
bajo la luna llena y un cielo estrellado.

A puertas abiertas....
solo para ti amor mío...

Tú en mis pensamientos

Me gusta tenerte en mis pensamientos
me hacen sentirte muy cerca de mi
te llamo con ellos y tu vienes
te envió suspiros y un beso te dan.

Te abrazo en mis sueños
te acaricio con mi imaginación
endulzas mi día con tu mirada
y sin hablarte entiendes
que solo de ti mi amor
estoy enamorada.

No necesito ser poeta
para expresarte todo mi amor
solo necesito tenerte cerca
y lo demás lo sabemos tú y yo.

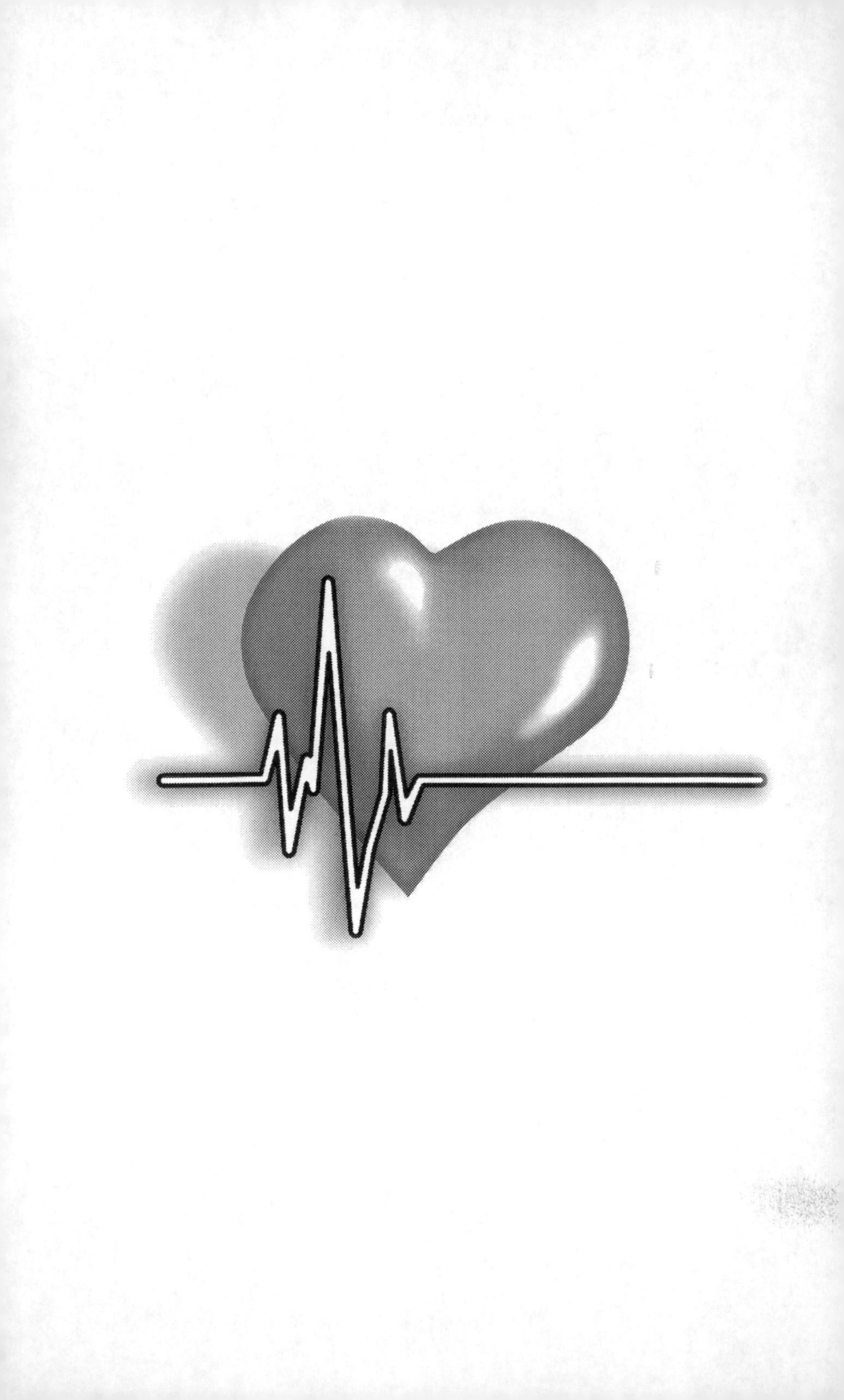

Mi corazón

Mi corazón palpita por ti
te ama eternamente
se inquieta si no estás
aumenta el ritmo
si estás a muy cerca
tiene una llave
que solo a ti te ha entregado.

Es grande para amar
te lo puede demostrar
aprende muy rápido
cuando se trata de ti
y esa razón le ayuda
a conocerte profundamente
y darte amor de una forma
que sabe... Te hace feliz.

Pensando en ti

Que me das amor mío
que por el día
no dejo de pensar en ti
veo tu rostro en mi mente
sonriendo dulcemente.

Me acompañas
aún sin estar presente
me haces sonreír
con solo pensarte
y haces que me muera de ansias
por abrazarte y besarte.

Se alargan las horas
esperando tu regreso
el sol tarda en ocultarse
y la luna en aparecer
cuando aún no te puedo ver.

Lucharé por tu amor

Como quieres tú
que yo sea indiferente
a este amor tan grande
que mi corazón por ti siente.

Que te olvide no me pidas
que deje de amarte ni lo pienses
que renuncie a estar a tu lado
es rendirme, es estar derrotado.

Lucharé por tu amor
esperare con paciencia
a que tu corazón no se rinda
y que juntos sigamos adelante
como esos dos caminantes
que este mundo han recorrido
sin importar que tan cerca
o que tan lejos quede el camino.

Mi único amor eres tú

Nací para amarte
estar siempre a tu lado
serte fiel y sincera
por toda la vida entera.

Eres un amor especial
que Dios me regaló,
preparado para mí
quien me insta a seguir.

De la mano estaremos siempre
caminando en la misma dirección
apoyándonos en todo momento
para que de nuestro amor
ese sea el alimento.

Sueño de amor

No me dejes despertar
bésame para no abrir mis ojos
hábleme suave al oído
para escucharte en mis sueños,
sabiendo que eres mi dueño.

Quiero tenerte muy cerca
para nunca sentirme sola
dormirme en tu pecho
bajo el mismo lecho.

Ser por siempre el uno para el otro
vivir y soñar solo contigo
darte todos mis días
hasta mi último suspiro.

Poemas de desamor

Si tan solo me quisieras...

Si tan solo me quisieras como yo a ti
si me regalaras un poco del amor que posees
te darías cuenta que es poco lo que pido
que no exijo nada, tan solo pido amor.

Que me quieras es mi deseo y que me ames mi ilusión
que comprendas que soy sincera y no miento,
mis ojos dicen la verdad mientras los tuyos me evaden
mi corazón late y si lo hace es con ganas de amar.

Si tan solo me quisieras obtendrías mi amor
te entregaría todo a cambio de nada excepto tu amor
pintaría un arcoíris cada día reflejando lo feliz que soy.
Todo... si tan solo me quisieras.

Corazón herido

Te entregué todo mi amor y no lo valoraste
te dije que mi corazón era sensible y aun así con el jugaste,
sabias que me harías daño pero en romperlo no dudaste
ya me habías herido antes pero lo ignoraste.

¿Qué te hice yo para merecer este daño?
¡si de mi boca para ti nunca salió un engaño!
siempre te amé con el corazón y el alma entera
pero hoy para ti ese amor ni en tu mente suena.

Ahora pasarás a ser parte de una historia
siempre guardaré tu recuerdo en mi memoria
quizá tú te vayas para siempre y no regreses
pero yo estaré siempre en el mismo lugar.

¿Dónde has ido?

Llega la noche y yo sigo aquí...
si no estás, la cama se siente fría,
mi almohada pregunta por ti,
mi piel extraña tus caricias,
mis labios tus besos...

¿Qué te has hecho?
¿dónde has ido?
aquí hay un espacio para ti
y no puede ser suplantado
porque te pertenece solo a ti.

No puedo ocultar mi angustia
y mis ojos no paran de llorar
añorando tu regreso.

¿Cómo y en qué momento?

Cae la lluvia y refresca la mañana
es absurdo pensar que en tus brazos yo quiera estar
cuando ambos sabemos que eso no sucederá
y más aún si no lo deseamos los dos.

¡Cómo te me fuiste amor de mi vida!
¿en qué momento sucedió que no me di cuenta?
ahora me quedo aquí con el anhelo
de que estés junto a mí aun sabiendo que amas a otra.

Hoy ya no estás para cubrirme de la lluvia
¿en qué momento dejaste de amarme si yo aún te amo?
¿cómo olvido el calor que antes me dabas en el frío?
¿y cómo olvido todo lo que para mí, hoy es mi presente?

Como duele

Como duele quererte sabiendo que tú
ya no sientes lo mismo por mi
como duele tenerte tan cerca
pero tan distante a la misma vez
como duele verte a los ojos con amor
y que los tuyos no me correspondan igual.

El tiempo cura las heridas del desamor
pero no sé qué pasará con mi pobre corazón,
ha sido roto una y otra vez
no tengo idea si soportará esta ocasión.

Como duele pensar que te tengo que dejar ir
para que emprendas tu vuelo, ¡esta vez sin mí!
como duele saber que un día despertaré...
y tú ya no estarás a mi lado.

Me enseñaste...

Me enseñaste poco a poco a dejar de amarte
a comprender que la obsesión no es amor
ya no me duelen tus rechazos e indiferencias
al menos a mí me queda limpia hasta la conciencia.

Me enseñaste que no se puede obligar al amor
porque en el corazón, él solito encuentra su rincón
cada mirada tuya me penetraba el alma
y me decía no una sino más de mil palabras.

Me enseñaste que los cambios no siempre son para bien,
es razón de comprender como actúa cada quien
hay cambios que se muestran cuando ya no eres importante
cuando dejan de amarte en tan solo un instante.

Me enseñaste... Tú mismo me enseñaste
que ya no me amabas
y que yo debía hacer lo mismo.

Simplemente no

No sufras por alguien que no lo hace por ti
no llores por quien no vale la pena
no pienses en lo que ya quedó en el pasado
no te preocupes por el futuro
no le hagas caso a los pensamientos negativos.

Dile que si al amor verdadero
quien te ama no te hace llorar, te seca las lágrimas
lo que quedó atrás jamás regresará
el futuro solo Dios lo conoce y con su ayuda todo sale bien
de los pensamientos positivos resultan las acciones positivas.

Libre de tu recuerdo

He logrado sacarte de mi mente
ahora serás mi pasado y no más mi presente
el amor que antes me unía a ti desapareció
no existe ni el recuerdo, ya todo se borró
se esfumó de entre mis manos y solito se fue
tu contribuiste a que lo lograra y te lo agradezco.

Te creíste invencible, más hoy te demuestro
todo lo contrario ¡he borrado tu huella!
te aseguro que no queda ni el rastro de ella
si un día te di mi amor, hoy junto a ti vuela
me siento libre de tu lazo y feliz de expresarlo
lo que un día fue amor, hoy queda en la historia.

Eres libre amado mío

Eres libre amado mío
así como lo es un pajarillo
alza hoy tu gran vuelo
porque tu regreso yo no espero.

Te di mi calor por un tiempo
hoy aprenderás a comenzar
toda una vida sin mi presencia
pero en mis manos queda tu esencia.

Eres libre porque así lo quisiste
para nosotros el eterno amor no existe
te doy mi último beso de despedida
al momento de observar tu triste partida.

Sin ti la vida no es vida

No sé cómo hacerte entender
que no puedo continuar si tú no estás
sin ti la lluvia cesa de caer
la noche es gris si tú no estás
sin ti el sol no me da su calor
y el viento no sopla a mi alrededor.

Le hablo a la luna y aún ella se esconde
las hojas de los árboles han dejado de moverse
ya no escucho el cantar de los pajarillos
así como solían hacerlo cuando estabas conmigo
todos se dan cuenta que necesito de tu compañía
porque sin ti amor... La vida no es vida.

Quiero olvidar tu recuerdo

Quiero olvidarte y no sé cómo hacerlo
tus sueños me siguen por las noches
tu recuerdo me ata todos los días
quisiera borrarte para siempre de mi vida.

No sé qué le diste a mi corazón
él no se resigna a tu pérdida
siempre late cuando te recuerdo
y trata de decirme que eres mi amor eterno.

Como olvidar esos besos que un día
nos dimos en medio de tanta pasión
como olvidar tus caricias que recorrían
mi cuerpo y llenaban mi mundo de ilusión.

Dicen que el primer amor no se olvida
yo lo estoy experimentando en carne propia
tu rostro, tu sonrisa, tu mirada, tus labios
todo lo que recuerdo de ti me vuelve loca.

Mañana quiero despertar sin tu recuerdo
tú estás en otros brazos y me olvidaste
Dios sabe cómo a este corazón dejaste
aquel día que mi amor no valoraste.

Hoy solo quiero olvidar tu recuerdo
aun cuando en el fondo...
siempre serás mi amor eterno.

He despertado de mi sueño

Hoy desperté del sueño que dormía
me era difícil poder hacerlo
pero nada era realidad, todo era
creado en mi mente y pura fantasía.

Me siento extraña, como si fuera otra
que ha renacido en la vida
que ha dejado en el pasado la tristeza
y le ha dado la bienvenida
a un nuevo comienzo de mucha alegría.

Mis ojos se cansaron de llorar,
mis labios de suplicar
y mi corazón se cansó de esperar
por eso hoy he despertado de mi sueño
en el que tú ya no eres mi dueño.

Un adiós...

Quiero confesar
que ya no puedo retenerte
aun cuando me es difícil
y no puedo vivir sin verte,
este amor ya duele
se intentó de todo y solución ya no tiene.

Yo anhelo tu felicidad, aún si no es conmigo
son cosas que yo no elijo, lo hace el destino
un amor tienes tú, que soporta más que yo
yo no puedo compartirte y es mejor que tenga su fin.

Quédate tranquilo, yo lo estaré también
te amaré en silencio y no te olvidaré
me quedaré con tu recuerdo y la sensación
que un día tú fuiste mi gran amor.

Un amor difícil de olvidar

Amarte en silencio
soñarte por las noches
pensar en ti cada día
extrañarte siempre
lanzar un beso al viento
abrazarte sin que estés
tener un corazón
esperanzado solo en ti
derramar lágrimas de amor
mirar el mismo cielo
ver la luna con nostalgia
no olvidar frases especiales
oler tu aroma sin que estés
sentir tu calor a la distancia
tener presente el tacto de tu piel
sentir tus besos y no olvidar su sabor
tener una mirada penetrada en el alma
una sonrisa grabada en la memoria
una forma de caminar única
almacenar hermosos recuerdos
y pensar que nunca te olvidaré...

... Así es un amor difícil de olvidar...

Entre rosas y letras

Entre rosas y letras están mis recuerdos
en tarjetas, cartas y frescos aromas
en el baúl atesorado de mi corazón
que día tras día me lleva los pensamientos.

Entre rosas y letras viví una vida
lejana a la tristeza y llena de alegría
cuando un amor verdadero llegó
y al marcharse solo recuerdos me dejó.

Viajo con ellos todos los días
no pesan, no se ven, solo se sienten
en lo profundo del corazón y del alma
y al pensar en ti me dan la calma.

Adiós para siempre

Nuestros caminos
tomaron rumbos diferentes
yo seguía a mi corazón
y tú te guiabas por la mente.

Engañosos y crueles
instintos diferentes
yo pensaba que era amor
tu pensabas en fantasías
y por eso solo mentías.

Hoy te vas por tu camino
buscando tu destino
yo me quedo aquí
pensando en lo que fuimos.

Adiós amor, adiós para siempre.

Amor secreto

Todo un sentimiento
en mi corazón escondido
gritando fuertemente
amor yo quiero estar contigo.

Por las noches se impone
el sueño me roba al pensarte
imaginando en mis brazos tenerte
y con amor y pasión besarte.

La culpa no tengo yo
por haberme enamorado
si tú me cambiaste la vida
y con tu mirada y sonrisa
mi amor has conquistado.

Me extrañaras

El día que ya no esté a tu lado
sé que me extrañarás
te darás cuenta del amor que perdiste
y del grave error que al dejarme cometiste.

Cuando no tengas mis besos
cuando no sientas mis caricias
cuando necesites compañía
así sea tan solo la de una amiga.

Será ahí cuando me valorarás
y de que te amé cuenta te darás
lejos de ti en ese tiempo estaré
y con dolor te aseguro que no volveré.

Poemas para niños y bebés

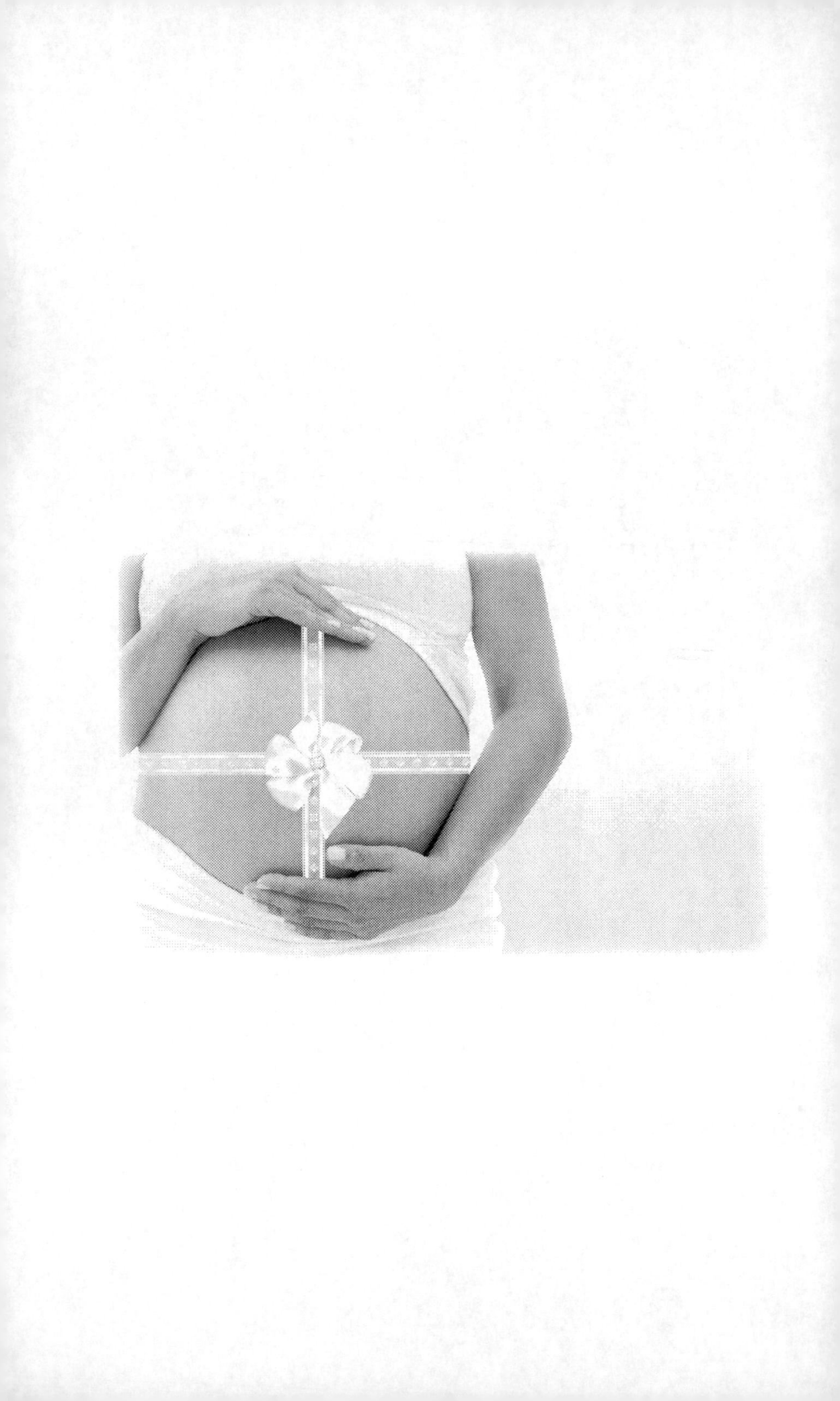

Ser madre...

Ser madre es la bendición más grande
que Dios le pudo dar a la mujer
es el regalo más bello, más hermoso
y entre todo lo más maravilloso.

Es la mejor experiencia en la vida
es dar vida a otro ser, sintiendo
como se forma en nuestro vientre
moviéndose para expresar lo que siente.

Es aprender a dar todo sin esperar nada
a cambio, quitarte el bocado de la boca
para dárselo a un ser amado
es desear lo mejor, dar un beso con ternura,
sanar una herida con la dulzura de los labios
amar de una forma sobre natural
entregarse por completo hasta el final
olvidar que debes dormir,
pensar en los demás y ya no en ti.

Es aplaudir todos los momentos inolvidables
disfrutar de las primeras palabras de tu hijo
dar palabras de aliento, consejos, apoyo,
cariño, comprensión y ser un buen ejemplo.

Es regalar una sonrisa cuando hay tristeza
un abrazo donde hay dolor,
una caricia llena de ternura
y una mirada que inspira confianza,
amor y delicadeza.

Ser madre es todo esto y mucho más.

Un regalo para mis hijos

Te regalo mis caricias de madre
los besos que calman dolores
miradas llenas de amor que tranquilizan
y que aún al más inquieto estabilizan.

Te regalo todo el amor que en mi hay
toda la paciencia que te tengo
te regalo mis sueños y anhelos
para ti mi hijo que eres lo que más quiero.

Te regalo todas mis noches
las que te dedico sin reproches
mis fuerzas y mi dedicación
te regalo mis días y todo mi corazón.

Te regalo todos mis aplausos y celebraciones
acompañados de muchas emociones
te regalo mis abrazos y mi compañía
los que tendrás con amor toda la vida.

El tiempo pasa, mi amor permanece

Los veo crecer
felices y unidos
no quisiera que pasara
la etapa de su niñez
para tenerlos conmigo
hasta mi vejez.

No puedo detener el tiempo
solo puedo aprovechar al máximo
los momentos que nunca volverán
pero grabados en mi corazón
para siempre estarán.

Hoy, mañana y siempre
serán mis bellos amores
los que dan vida y felicidad
a cada uno de mis días
y mi mundo pintan de colores.

Dulces Sueños mis amores

Besos llenos de ternura y amor
son los que antes de dormir
a mis dos amores les doy
abrazándolos con todo mi corazón.

Por las noches apago la luz al dormir
sus ojos iluminan toda la habitación
sus sonrisas son melodías a mis oídos
como pagarte tanta dicha Dios mío.

Si lloran un abrazo les doy
susurro a sus oídos todo mi amor
una caricia les doy suavemente
hasta escuchar sus suspiros
al dormir profundamente.

Tengo tres amores...

Pienso, río, suspiro y soy feliz
tengo tres amores por los cuales
tengo motivos y razones para vivir
y que día a día alegran mi existir.

Sobran las palabras, y más las letras
para expresar mis momentos bellos
para contar mis experiencias
de todo lo que hay en mi vida
gracias a la más maravillosa existencia.

Tengo tres amores....
la bendición más grande para mí
el regalo que Dios me ha dado
parte fundamental para mí.

Tengo tres amores....
con ellos soy más que feliz
comparten su vida conmigo
yo... Doy mi vida para ellos.

Tengo tres amores...
los amo con todo mi corazón.

Con paciencia te esperaré

En silencio sabes que te amo
a gritos te lo dice mi corazón
mis ojos brillan al pensar en ti
y mis labios sonríen al sentirte.

Con paciencia te esperaré
con fuerza enfrentaré el momento
en la voluntad de Dios confiaré
y aquí solo para ti yo estaré.

Mi amor es para ti hijo mío
un amor capaz de esperarte
sin temor alguno y sin desesperarse
porque confiada en Dios estoy
quien solo no va a dejarte.

- Con amor para mi hijo Steven.

No me hagas esperar más

No me hagas esperar más
todos ansiosos estamos
a la llegada de un nuevo ser
que esta familia hará crecer.

Tú y solo tú Dios amado
sabes cuándo llegará el momento
que durante nueve meses
con amor hemos esperado.

No me hagas esperar más
hijo mío, pedacito de mi
quiero tus ojos ver
tus manos poder tocar
y tu rostro acariciar.

- Dedicado a mi hijo Steven, quien nació casi a las 42 semanas.

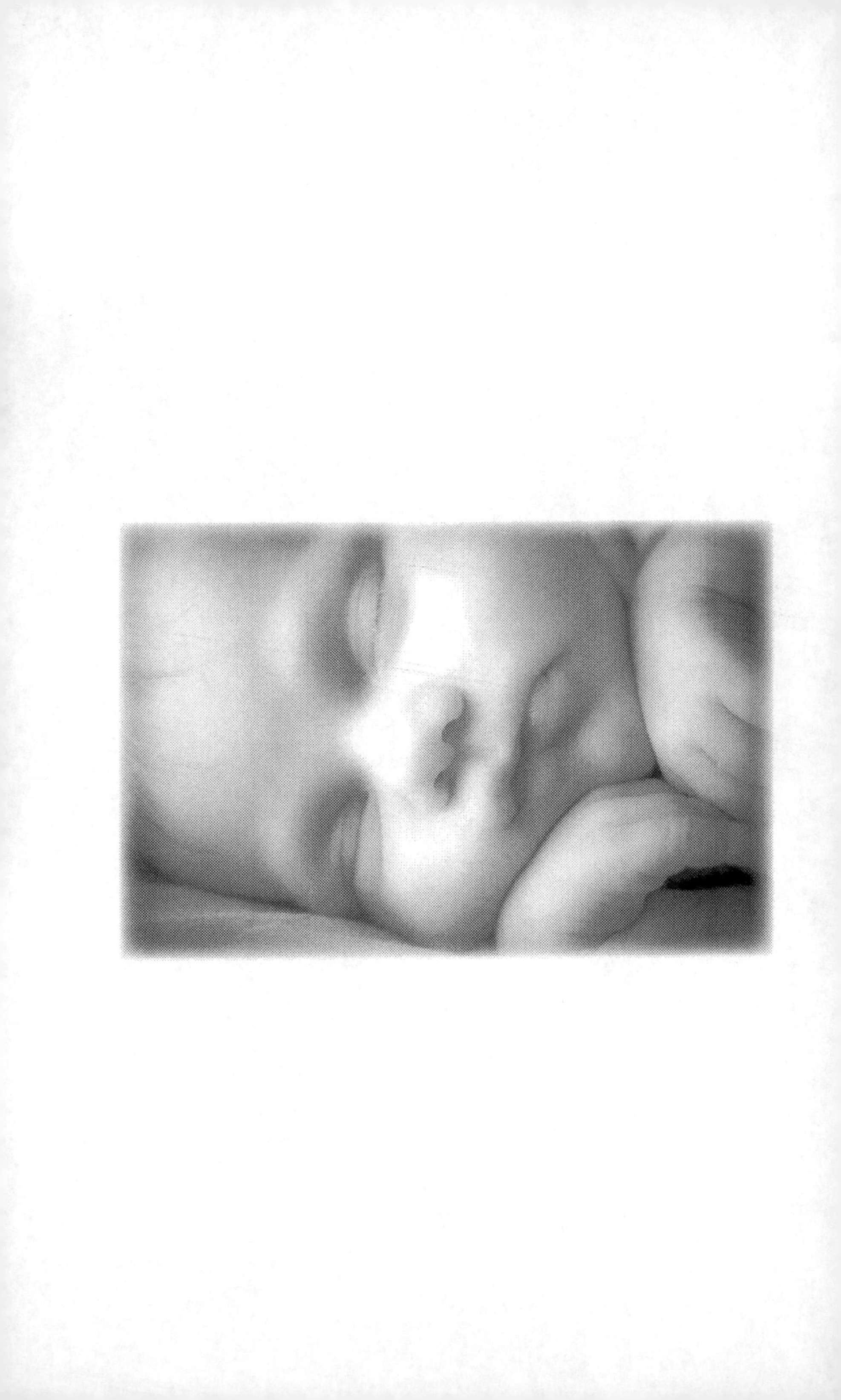

Soplo de Dios

Hoy se fue el cansancio
ha llegado la paz y la alegría
con esta hermosa luz
que ha iluminado mi vida.

Soplo de Dios con ojos de luz
melodía angelical envuelta
en un pequeño y hermoso llanto
el cual escuché y fue mi quebranto.

Delicado e inspirador de amor
frágil y suave aún más que la seda
tocas el corazón con solo pensarte
así como el deseo de mimarte y abrazarte.

Gracias infinitas al divino creador
quien te ha dado la vida con amor
y te ha prestado a nosotros tus padres
para cuidar de ti noche y día
lo cual es un privilegio y orgullo
nadie te cuidará mejor que El,
pero hacerlo aquí en la tierra...
para nosotros sera un honor y un placer.

- Dedicado a mi hijo Steven en su nacimiento. 7:13 pm

Ojitos bellos de color café

Ojitos bellos de color café
lo primero que veo
cada mañana al despertar
los veo por la noche y por el día
y me llenan toda de alegría.

Ojitos bellos de color café
inspiradores de amor y paz
nada se compara con su ternura
tenerlos cerca es tener una vida
que solo transmite dulzura.

Ojitos bellos de color café
¡son tan hermosos! Y digo:
¿cómo no los he de querer?
pequeñitos y brillosos a la vez
dejar de verlos es algo
que no podría lograr hacer.

- Con amor para mi hijo Steven

Tus sonrisas

Sonrisas que cautivan
que llegan inesperadamente
las que llaman mi atención
que no dejan cambiar mi mirada
y tocan lo más profundo de mi corazón.

Resplandecientes como el sol
iluminan tanto como un lucero
si no las veo me impaciento
esperando que reaparezcan
y las escucho cuando menos lo espero.

Cada una de ellas me enamora
me hacen abrazarte tiernamente
me hacen sonreír junto a ti
expresarte que te amo demasiado
que eres mi hijo y mi amado eternamente.

- Para mi hermoso Steven.

Mi angelito

Un angelito del cielo
está en mi vientre
formándose poco a poco
creciendo más y más
como será, no lo sé
a quién se parecerá
solo Dios sabe
lo único que tengo presente
es que lo amo desde ahora
y para siempre.

Un angelito del cielo
mi angelito y mi amor
el Señor me lo ha prestado
para llenar su vida
de mucho amor
ansias tengo de verlo
desesperación por
abrazarlo y besarlo
mirarle a los ojos
y nunca más soltarlo.

- Para mi hijo en gestación, Steven.

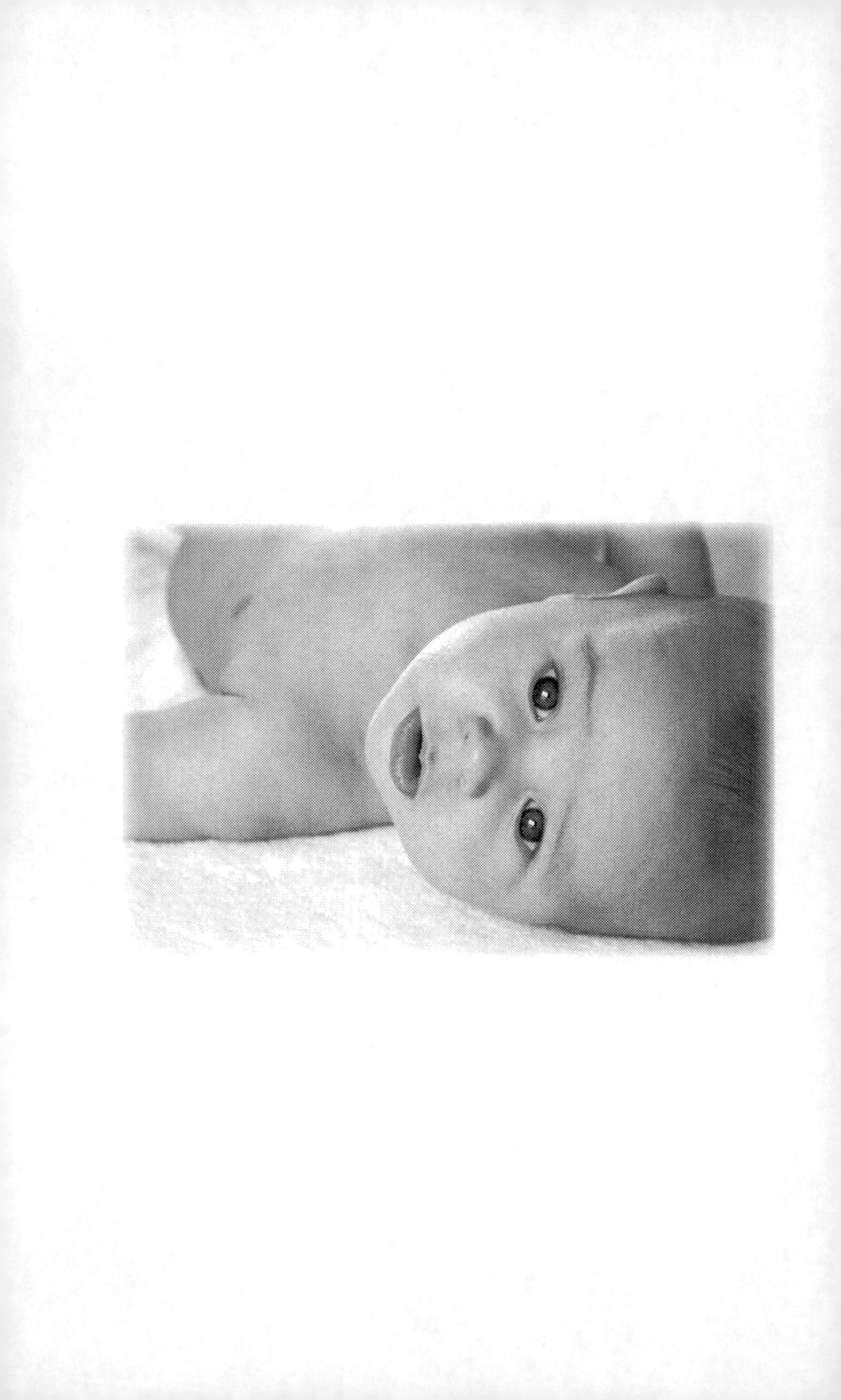

Tus ojos

Son tus ojos los luceros
que iluminan mis días
atreves de los cuales
encuentro paz y alegría.

Son tus ojos lo primero
que miré cuando naciste
y los cuales me dicen mami,
los milagros sí existen.

Oh hijo amado y tesoro de mi corazón
cuanto te amo y te quiero
porque eres tu mi bendición.
Tus ojos son los más bellos y dulces
que pueden haber
no se comparan con nada...

Si duermes acaricias la noche
con tus suspiros,
si estás despierto
iluminas el día con tu mirada.
esos grandes y hermosos ojos
son inspiradores
llenos de luz
y de un arcoíris de colores.

- Con amor para mi hijo Christian.

Muy feliz con mi bebé

Tenerte a ti es como tener el universo entero
no necesito nada más y nada me hace falta para ser feliz
Dios me ha bendecido contigo demasiado,
me ha llenado de satisfacción y dicha.

No tengo que más pedir al Dios del cielo
si me ha dado más de lo que soñé
inmerecida soy de su gracia y misericordia,
solo puedo dar gloria y honor al que todo lo merece.

- Con amor para mi hijo Christian.

Dulces sueños

Te veo dormir tan dulcemente mi bebé
como todo un príncipe en su más profundo sueño,
descansa mi corazón al verte así
pues tranquilidad es para mí así como para ti.

Noche a noche te arrullo en mis brazos
cantando suaves y dulces melodías para ti,
te digo cuanto te amo y te acaricio con ternura
a ti que eres mi vida, mi amor y tan lleno de dulzura.

- Con amor para mi hijo Christian

Más de lo que imaginé

Siempre me preguntaba cómo serias
como por ejemplo a quién te parecerías
te imaginé de una y de otra manera
pero hoy has llenado
más de mis expectativas.

Eres más precioso de lo que pensaba
y aún más dulce de lo que imaginaba
eres el bebé que nunca pensé tener
la luz de mis ojos, quien alegra mis mañanas
y quien me hace sonreír.

- Para mi hermoso Christian

Dulce melodía

Cada que te tengo en mis brazos
nace en mí una dulce melodía
este amor que siento por ti
crece día a día y no tiene fin.

¡Hijo mío, amor de mi vida!
tesoro precioso obsequiado a mi
como no amarte
si desde antes que nacieras
mi corazón latía por ti.

Hoy te canto una dulce melodía
está llena de amor y alegría
te la susurro al oído suavemente
lo hago con todo mi amor
que es para siempre.

- Dedicado a mi hijo Christian

Tu sonrisa...

Es tu sonrisa un destello de luz y alegría
que me llena de felicidad y de vida
que me da paz y desaparecen las penas
que me refleja en ella porque eres
parte de mí, vida mía.

Es tu sonrisa lo primero que veo
al tomarte en mis brazos
que me alienta y es capaz de romper los lazos
como aquellos que me quieren quitar la paz
y al final siempre llegan al fracaso.

Es tu sonrisa lo más tierno que he visto en la vida
que me conmueve hasta la misma alma mía
es bella, es hermosa y no se compara con nada.
Me doy cuenta que sin verla un día no viviría
porque eres tu quien me insta a seguir día a día.

Tus 10 meses

Los días van transcurriendo
y tu cada día vas creciendo
hoy cumples un mes más de vida
estás que resplandeces de alegría.

Amorcito de mi vida, mi consentido
como disfruto los días al estar contigo
como quisiera que no pasara el tiempo
para poder cargarte en todo momento.

Eres un tesoro tan preciado
para nosotros que estamos a tu lado
gracias Señor mío por tu bendición
es tan grande que no le encuentro definición.

Hoy quiero pedirte a ti mi Señor
que le bendigas con salud y amor
que su mirada esté puesta solo en ti
que te ame, te sirva y en ti ponga su temor.

-Para ti mi Christian

Una nueva luz

Una nueva luz está por darse a conocer
está por brillar y resplandecer con todo su ser
tendrá belleza de pies a cabeza
y recibirá trato con toda delicadeza.

Una nueva luz está creciendo en mi vientre
bendición que me ha sido concedida
por aquel que da todo lo bueno y no miente.
¡Esa lucecita eres tú! No te veo pero sé que
todo lo que te digo tu mi amor, lo sientes.

Una nueva luz ilumina mi camino
es una sensación tan hermosa
son cosas que ya predestinó el destino
para que nacieras y estuvieras conmigo.

- Christian

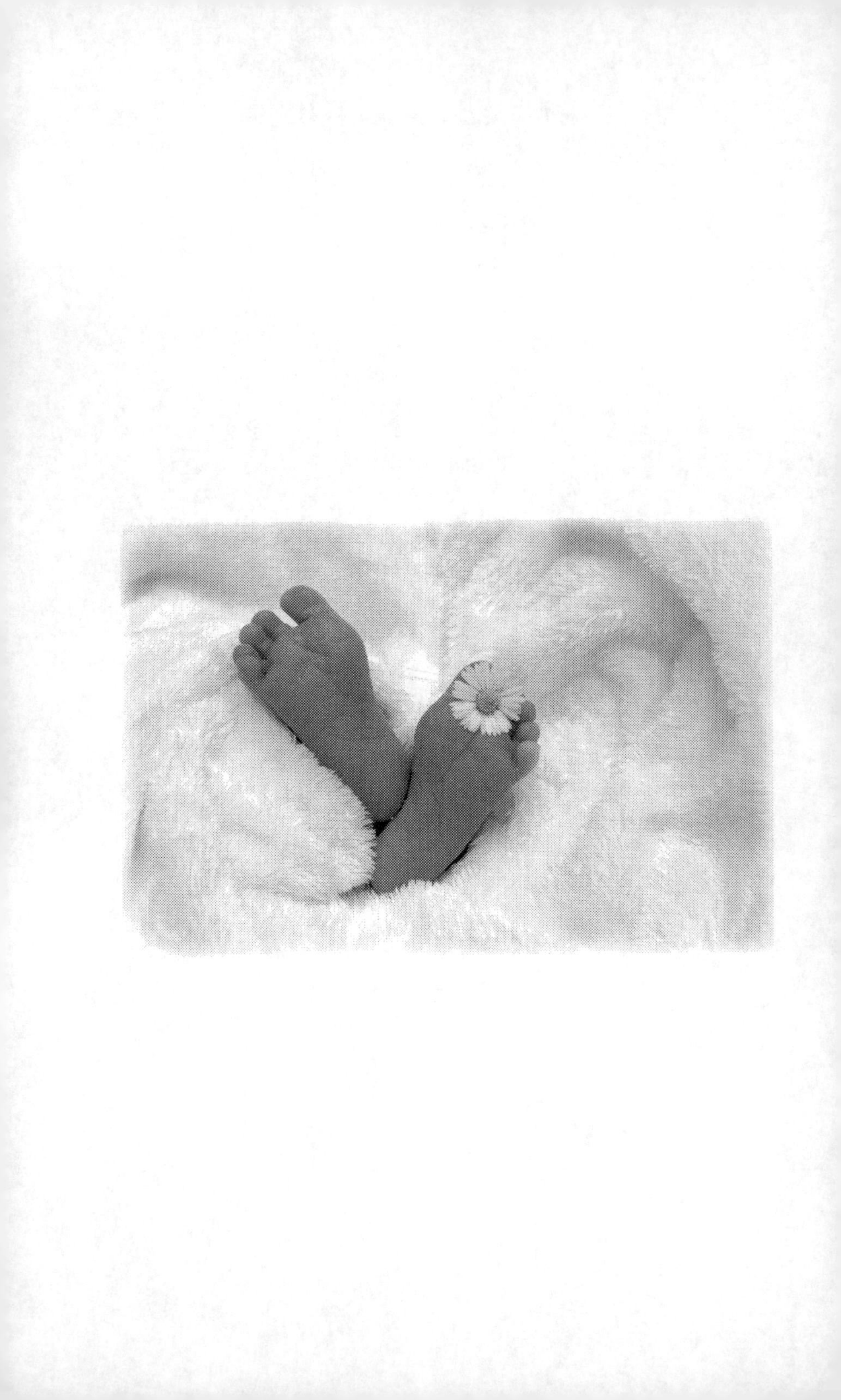

Regalo de Dios

Un regalo de Dios
que hoy está en mi vientre
un regalo de Dios
que ha cambiado mi vida,
tesoro mío es mi hijo amado
que se está formando,
estoy en la espera de tu llegada.

Esta mañana
me desperté pensando en ti,
todos los días
me sucede lo mismo.
Esas tiernas pataditas
me dicen ¡aquí estoy mamá!
y yo sonrío por no llorar
de tanta felicidad.

- Con amor para mi hijo Christian.

HAPPY
BIRTHDAY

Tu primer cumpleaños

Esta mañana los pájaros cantaron
su más dulce y bella melodía
las flores despidieron su más
fresco y suave aroma
el cielo se vistió de un
fino y hermoso color azul
el sol resplandeció más temprano
todo... Para desearte un
feliz y bendecido cumpleaños.

Llegaste a este mundo un día
un día como este, una hermosa mañana
todos a la espera estábamos
cuando escuchamos tu primer llanto
diciendo: ¡Aquí estoy Mamá!

Hoy hace un año ya
de esa experiencia vivida
que nos llenó de paz y alegría.
celebramos tu primer cumpleaños
dando gracias a Dios por todo
y expresando nuestro amor por ti.

Eres más especial que lo especial
más que amor, porque él lo eres tú
una ternura que es
lo que le has dado a mi vida
una luz que ilumina mi camino,
mis días y noches
una paz que transmites a mi vida
una dulzura que endulza lo amargo
y una gran felicidad transmitida
atreves de tu bella sonrisa.

Llega tu primer cumpleaños
pero no podría olvidar
todo antes vivido, desde el momento
en que tu mi amor estás conmigo.
¿Cómo olvidar tu primer llanto?
tus primeras sonrisas, gestos,
emociones y más aún
tus primeros pasos, los que te van
haciendo más independiente.

Hoy pido a Dios por tu vida
que te llene de salud, amor,
gozo y paz todos los días
y que no olvides que yo tu madre
te ama y te amará
desde antes, ahora y para siempre.

- Para mi hijo Christian.

3 semanas antes

Eran 3 semanas antes
de la fecha calculada
cuando decidiste nacer
eran 3 semanas antes
en las que fuera de mi vientre
quisiste terminar de crecer
y este mundo venir a conocer.

Pequeñito y hermoso
delicado y especial
ojitos de luz y carita angelical
que con nada se puede comparar.

Tenerte a mi lado es un milagro
las gracias a Dios debo dar
porque 3 semanas antes
tu llegada me quiso regalar
y así tu compañía poder disfrutar.

Sano, fuerte y bendecido
con 3 semanas antes
te hemos recibido
¡bendito Dios! qué bueno ha sido.

- Con amor para mi pequeño Franklin en el día de su nacimiento.

Nada más especial

Nada más dulce
nada más tierno
y nada más especial
comparado con el hecho
de que en mis brazos
tú puedas descansar.

Te siento en mi pecho
tu corazón late suavemente
tu calor y aroma de bebé
a mí me hace enternecer.

Eres tan pequeño
eres tan hermoso
tan delicado y pacífico
que mi amor haz ganado
y para siempre mi bebé
yo te quiero así a mi lado.

- Para mi bello Franklin

5 meses de vida

Un mes más de vida
hoy estás cumpliendo
no puedo creer
como estás creciendo.

Te mueves lentamente
y aprendes de prisa
pero a mí me hace más feliz
tu dulce y bella sonrisa.

Que crezcas no quisiera
porque en mis brazos
te cargaría con amor
la vida entera.

- Con amor para mi hijo Franklin.

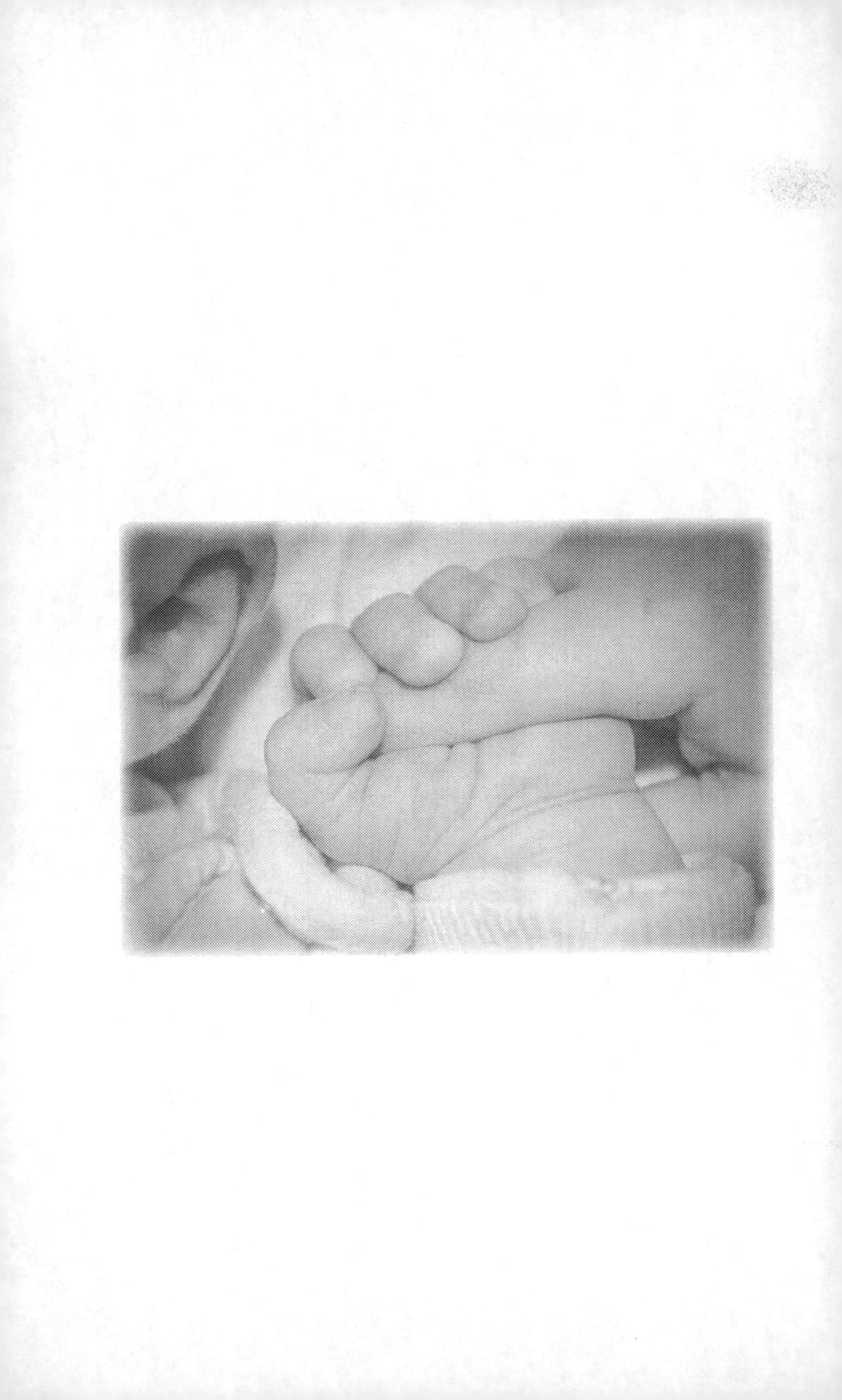

Nunca te soltaré mi amor

Tu mano agarrada de la mía
con fuerza y de corazón
queriendo nunca soltarme
y junto a mi quedarte.

Es tan maravilloso y especial
sentir el calor de tu mano
hermosa experiencia que se vive
bendito Dios quien lo permite.

Unidos por un amor
tan único e incomparable
como sabe amar de corazón
un hijo y una madre.

No te soltaré nunca amor mío
prometo a tu lado quedarme
todos los días cuidarte
y de tu lado jamás separarme.

- Con amor para mi hijo Franklin.

Dulce llegada

Princesita de mi vida
hermoso corazón
¡eres un regalo!
eres una bendición
que a la vida de mi hermana
¡En este día llegó!

Te amamos con el alma
te esperábamos con alegría
algunos se preocuparon mucho
de ¿cuándo nacerías?
y hoy aquí estas princesa
¡por Dios protegida!

Que seas sana y fuerte
desde hoy y para siempre
lo desea tu tía que te ama
con el corazón entero
desde el día que verte espero.

- Con amor para mi sobrina Sarahy en el día de su nacimiento.

Mis hijos, mis ángeles

Angelitos del cielo
que a mi lado viven
pedacitos de mi corazón
yo los amo un montón.

Delicados y especiales
inocentes e indefensos
pequeñitos y hermosos
iluminan mi vida
a través de sus ojos.

Ternuritas llenas de amor
esponjitas que todo absorben
tomen lo bueno de mí
y todo lo malo ignoren.

POEMAS OCASIONALES

Agradecimiento a Dios

Gracias Señor
por tu amor conmigo
por ser más que mi amigo
por extenderme tu mano
y guiar mis pasos
por el buen camino.

Eres tú mi confianza
a quien dedico hoy
toda mi alabanza
y en quien pongo
mi esperanza.

Porque tú has sido
mi buen pastor
mi fiel guía y protector
te amo por eso y más
con todo mi corazón.

Poema a mi Padre

Ese hombre de cabello cano
lleno de experiencia y sabiduría
ese que es amigo de la bondad
y la sinceridad es su compañía.

Ese hombre que a su familia
le da amor, tiempo y dedicación
porque sabe que es un pilar
que en esta vida se debe cuidar.

Ese hombre al que debo respeto
que me corrige con amor y cariño
el que me enseñó el valor de la vida
y a ser quien soy desde que era una niña.

Ese hombre que me extiende su mano
a quien acudo y nunca es en vano
porque cada vez que lo necesito
el ahí esta... siempre a mi lado.

Ese hombre de palabras sabias
que siempre tiene un buen consejo
a quien amo y admiro
porque es mi Padre y mi amigo.

- Con amor a mi padre Marcos.

Poema a mi Madre

A la mujer más bella
yo le escribo este poema
a la que se coronó
en toda la familia
como la mejor reina
a la que con nadie más
se le puede comparar
porque siempre a mi lado
toda la vida ha estado.

La que pintó su cabello
con el pasar del tiempo
de color blanco y cenizo
la que aún con sus arrugas
no deja perder su belleza
no se rinde ante nada
se olvida de su propio bien
para proteger a los demás
esconde sus propias lágrimas
para secar con besos
las de sus seres amados
tiene amor para todos
unas manos que no pierden
su toque de delicadeza
unos brazos que reparten
los más calurosos abrazos
y una mirada que habla por sí misma.

Esa maravillosa mujer
¡es mi madre!

- Con amor a mi madre Pastora.

Un hombre ejemplar

Hombre que trabajas
ya sea detrás de un escritorio
o sudando de sol a sol
mi respeto hacia ti
que no te rindes por nada
no bajas la frente
y mucho menos la mirada.

Hombros de hierro que no sienten el cansancio
pies de acero que lo soportan todo
pecho de plomo que nada lo detiene
corazón de oro que es su mayor tesoro
todo lo hace con precisión y perfección
equipado de audacia y sabiduría
dedicando todo, aún su propia vida.

Todos los días emprendes tu tarea
pensando en los que más amas y más quieres
una familia a la cual proteges
fiel, justo, dedicado y ejemplar
a un ser como tú, nada se le puede reprochar.

- Con cariño para David.

Feliz aniversario mi amor

Hoy es un día muy especial
muy bello para recordar
el día en que nuestros corazones
con un beso unimos para siempre
el cual selló nuestro amor.

Ahora no son días ni meses
ya son muchos años, los que
día y noche has estado a mi lado
acompañándonos mutuamente
amándonos de corazón y mente.

Gracias te doy por estar junto a mi
por ser mi amigo y mi compañero
por cuidar de mí y protegerme
y cuando lo necesito, en tus brazos
con amor y cariño acogerme.

Hoy que es nuestro aniversario
quiero recordarte que aunque pasen
los días, los meses y los años
yo siempre estaré a tu lado
dándote amor así como tú me lo has dado.

Feliz aniversario mi amor.

Mi protector

Amigo fiel y sincero
eres tú mi Dios eterno
me guías por el camino
y siempre vas conmigo.

Me guardas y me proteges
si caigo me levantas
con más fuerzas que antes
y no me dejas sola
ni por un instante.

Tu mano me sostiene
tu hombro es mi apoyo
tus pasos me guían,
y solo tu amado Señor
eres mi más fiel compañía.

Los colores y sabores de la vida

Los colores y sabores de la vida son maravillosos
se reflejan cada día en un hermoso amanecer
en la preciosa puesta del sol
en la cálida tarde que anuncia la noche,
en el suave y hermoso cantar de la aves
en todo aquello que Dios nos comparte sin reproche.

Los colores y sabores de la vida están llenos de amor
se reflejan en todo lo que compartimos a diario
en el dulce beso recibido de un bebé
en el tierno abrazo de un ser amado
en la dulce sonrisa compartida a alguien que la necesita
en la mirada que transmite amor y confianza,
todo lo que mantiene viva
nuestra fe y esperanza.

Gracias Señor

¡Gracias Señor!
quiero darte en este día
por todas mis tristezas
y también por mis alegrías.

Hoy Quiero empezar un nuevo día
lleno de amor, paz y sabiduría
que me lleves de tu mano
me guíes y me brindes compañía.

No me dejes caer en tentación
no dejes que las actitudes
de personas inconscientes
vuelvan a herir este corazón
que paz y tranquilidad
es lo que Hoy Siente.

¡Gracias Señor!
gracias por amarme tanto
y darme la felicidad
que busque toda mi vida.

Un cambio en tu vida

Haz un cambio para bien
y no para mal...
un cambio que a tu corazón
de paz haga rebosar.

Haz un cambio por ti
¡por tu familia!
y por los que amas,
los que estarán contigo
en las buenas y en las malas.

Haz un cambio y verás
que de bendición te llenarás
porque Dios de tu lado
siempre estará.

Amigos aun en la distancia

Amigo querido
sé que estás distante
pero muy cerca de mi corazón
eres muy especial y tan único
que te llevas mi admiración.

Te conocí en el momento
menos esperado
y hoy es tanta la alegría
que a mi vida le has dado,
con cada palabra
y cada consejo
me has hecho ver
que a los amigos como tú
se les quiere de corazón
no importando que estén lejos.

Gracias doy a Dios por tu vida
y también por tu bella amistad
que dure para siempre
es mi deseo
y por toda la eternidad.

Feliz cumpleaños Papá

Que Dios le de muchos más años de vida
que sobre usted resplandezca la luz del Señor
llenándole de amor, gozo y paz
de esa que solo él puede dar.

Que multiplique cada uno de sus días
los haga largos y eternos
mucho más que los míos
para tenerlo siempre conmigo.

Pido al Señor le de salud
cada uno de sus días y años
que lo mantenga siempre
en el hueco de su mano.

Que no se aparte de su camino
y que nunca quite de mi lado
al ser que más amo
él es mi Padre, mi mejor amigo.

Arrepentimiento y agradecimiento

Perdona mis errores
borra mis faltas
haz que perfeccione
cada día que pasa
para no apartarme de ti
y nunca me abandones.

Confío en ti Señor
creo en tus promesas
creo en tus milagros
creo en tus bendiciones.

Levanto mis manos
recibo lo que tienes
preparado para mi
dándote las gracias.

Cuento contigo Señor

En la angustia y la enfermedad
en las pruebas y la aflicción
en el camino frío y oscuro
siempre tú has sido mi escudo.

No importa la prueba que venga
no importa el peso de la carga
tú siempre has sido mi respaldo
y sola nunca he caminado.

Cuento contigo mi Señor
cuento con un fiel amigo
que me brinda su apoyo
y por toda la eternidad
prometió que estaría conmigo.

Ahí estas tú Señor

En la quietud de tu silencio
en el día nublado y sin sol
en la noche sin estrellas
bajo la lluvia y la tempestad
ahí estás tú Señor.

En medio de la tristeza
aun cuando hay fracaso
si hay llanto o nostalgia
entre la soledad y el abandono
ahí estás tú Señor.

Cuando todos se van
si todo se viene encima
cuando quieres huir
cuando el mundo te agobia
ahí estás tú Señor.

Comprendo que solo tú
eres mi amigo fiel
que no me dejará
y que pase lo que pase
a mi lado estarás.

Dios me ha dado libertad

Dios me ha dado libertad
puedo correr, saltar y gritar
le alabo con mi alma
y con todo mi corazón
porque desde que lo conocí
nueva criatura soy.

Dios me ha dado libertad
quiero compartir con el mundo
que no hay otra salida
que no hay mayor amor
y que solo el Señor Jesús
puede hacerles libres hoy.

Dios me ha dado libertar
gracias le doy sinceramente
me ha purificado completamente
todo mi corazón y mi mente.

Algo en que pensar

No te dejes cegar por aquellos momentos en los cuales te invade la nostalgia, la tristeza o el llanto.

No dejes que el dolor sea más fuerte que tus ganas de amar y de vivir.

No permitas que se apaguen tus ojos cuando el sol no brille.

Nunca te des por vencido cuando pierdas la guerra, si aún no has peleado la batalla.

No eches de tu vida a alguien si aún mueres de amor por El.

No aminores tus amigos si te estás quedando solo.

No le digas a una persona que no la necesitas solo por ego u orgullo.

Ama y valora lo que tienes, quizá mañana no tengas lo mismo.

No impidas que te moje la lluvia si mueres de calor.

No te precipites a las cosas si aún no conoces su procedencia.

No escuches solo a tu corazón porque a veces es traicionero.

Dale atención a tus seres amados, quizá después la necesites tú.

Y sobre todo...

Nunca te olvides de Dios porque Él nunca se olvida de ti.

Poema al autoestima

Talvez tengas muchas dudas en tu corazón
pero ni una de ellas ha impedido que sigas adelante,
puede que hayas anhelado muchas otras cosas
pero el día de hoy eres más de lo que antes deseaste.

Quizá añoraste un poco de amor en tiempo pasado
pero mírate el día de hoy... ¡das más de lo que tienes!
quizá creas que la vida fue injusta contigo algún día
pero el pasado nos enseña a valorar mejor lo que antes no tuvimos
y que hoy podemos disfrutar,
recuerda que no se vive del pasado, sino del presente.

Puede que no te lo hayan enseñado todo...
pero todo lo has logrado y sacado adelante con la ayuda de Dios,
puede que haya quedado un vacío en tu corazón
pero Dios lo llenó de bendiciones, de amor y cariño.

...Y sobre todo, Dios nunca te ha abandonado...

Hoy quiero...

Hoy quiero regar un jardín muy especial
es el que está en el interior de mi corazón,
quiero regarlo no con agua sino con amor
para que florezca la humildad, la paz y el agradecimiento.

Hoy quiero vivir un mejor día...
voy a regalar una sonrisa donde haya tristeza
voy a compartir mi pan con el necesitado
y sobre todo... voy a compartir del amor
que Dios me ha dado.

Hoy quiero ser mejor que ayer...
pero no más que mañana,
quiero hacer lo que no hice
sabiendo que podía hacerlo,
quiero extender mi mano al caído
poniendo mi hombro para levantarlo.

Hoy quiero vivir como tu Señor quieres que viva.

Eres especial

Tu eres muy especial
porque así te hizo el Señor
a su imagen y semejanza
con sus manos te formó.

Tú eres muy especial
eres único en este planeta
con amor fuiste creado
por un padre que jamás te ha negado.

No olvides de dónde vienes
no dudes de tu potencial
te lo obsequió tu creador
para que seas así de especial.

Como amo oh Dios tu camino

¡Como amo oh Dios tu camino!
me llena de amor, gozo y paz...
¡Como amo oh Dios tu camino!
el cual me has mostrado
y que antes desconocía.

Guíame para no tropezar
y para no caer jamás,
sostén mi mano
y no me sueltes nunca.
Muéstrame por donde caminar
de manera que llegue a ti.

¡Como amo oh Dios tu camino!
es para todos
y lo pueden tomar aquellos
que estén cansados y fatigados,
que quieren ser libres y caminar a tu lado.

Vivo la vida

Vivo la vida siempre
la vivo de mil maneras
ya sea sonriendo o llorando
siendo feliz o sufriendo
callando o hablando
resbalando y levantándome
equivocándome y aprendiendo
de la forma que sea...
vivo la vida, y soy feliz.

Doy gracias por todo
aún por lo malo que pasa
siempre estoy agradecida
porque con el hecho de vivir
ya es razón más que suficiente
para dar gracias a Dios
hoy, mañana y siempre.